AF418614

Poemas para el siglo XXI

Gloria Nistal Rosique

Colección
Sembremos Arte

Poemas para el siglo XXI

Gloria Nistal Rosique

Ediciones Grainart

Poemas para el siglo XXI
©Gloria Nistal Rosique
©Colección Sembremos Arte

ISBN: 978-958-49-1737-9
Diseño y edición: Ediciones Grainart
Compilación y diagramación:
Mónica Patricia Ossa Grain

Diseño de Carátula:
Helen Vanessa González Ossa
Obra portada: Carlos Humberto Murillo
Título: Estudio de azules
Texturas y óleo sobre lienzo
Correo Carlos Murillo
carlosart5@hotmail.com

Ediciones Grainart
edicionesgrainart@gmail.com
edicionesgrainart@hotmail.com
Contacto: 3148685940

Impreso y hecho en Colombia.
Printed and made in Colombia

Santiago de Cali – Valle del Cauca
Julio de 2021

Agradecimientos

Mis agradecimientos, en primer lugar, a todos mis maestros, que son muchos y de los que esta relación es sólo una breve muestra llena de olvidos: Safo, Juan de la Cruz, Miguel Hernández, García Lorca, Pablo Neruda, Jorge Luis Borges, Thomas S Eliott, Walt Whitman, Elisabeth Barret Browning, Wisława Szymborska, Mahvash Sábet… Agradezco a la Fundación Grainart y a su incansable directora, Mónica Ossa Grain, por haberme propuesto la realización de este libro y por su resultado final.

Agradezco a todas las personas que llevo en mi mochila y en mi corazón y a cuantos me han apoyado y han creído en mí a lo largo de mi camino poético.

Este libro es mi décimo poemario y está compuesto por treinta poemas, el ochenta por ciento de ellos son inéditos, escritos durante los años 2020 y 2021 y los seis restantes proceden del poemario Wiosna en Varsovia, editado en bilingüe polaco- español por el Instituto del libro de Rzeszów, Polonia.

Gloria Nistal Rosique

Mi vida

Como mi casa,
sobreviviendo
frágil y firme
a los tornados.

Mi alma,
también
a veces
como un huracán,
siempre agitada
por fuerzas telúricas.

Y el cuerpo
donde reposa ella,
el que le obliga
a descansar,
parar y asimilar
para poder entrar
de nuevo
en el scape room
de la línea
que da secuencias temporales,
la que le ayuda
a interpretar el remolino

de jeroglíficos
e incomprensiones
que conforman
su lugar en el mundo.

Gloria Nistal Rosique

Estoy en mi casa

Al otro lado de mi ventana
el mundo va transcurriendo
sin mi presencia y mi figura.

¿Quién dijo que éramos
seres necesarios?

La naturaleza descansa
de nuestras enfermedades,
se despereza y retoza
entre al agua y las flores
que la embellecen.

Los animales
visitan playas y ciudades,
tal vez para entendernos,
como cuando yo
visito otros mundos.

Viajo para entender
dejé escrito en algún poemario.

¿Qué estarán entendiendo ellos?

¿Cómo explicarán
nuestro sinsentido?

Se suspendieron
besos y caricias,
se pospusieron
las risas cercanas
y la alegría
de las copas en el brindis.

Quedó en suspenso el trabajo
y el miedo se acreció
en cifras exponenciales.

El plástico ha dado un respiro
a los océanos.
¿qué haremos después
con los millones de mascarillas
que nos protegen cada día?

La vida es ya otra vida
y transcurre tranquilamente
sin mi presencia ni mi figura.

Gloria Nistal Rosique

Apenas necesitamos cuerpos,
solo la conexión es contingente.
Antenas radioactivas, cadmio,
antinomio, arsénico,
mercurio, coltán...

Si te quedaras solo en una isla desierta
¿de qué no podrías prescindir?

¿Cuántos males de muchos
hay que pasar por alto
para que otros tantos,
o muchos menos,
disfrutemos
del abrazo remoto
de nuestros seres queridos?

La tierra entera,
de incomparable belleza,
y nuestra elaborada inteligencia
incurren en contradicción constante
y encierran antinomias y paradojas.

¿Se han parado, acaso,
las guerras
con este inopinado
cierre del universo
o solo esperan,
ansiosas como nosotros,
a que se declare
el final del estado de alarma?

Gloria Nistal Rosique

He visitado muchos volcanes

A mi amiga Flori Tapia

de Japón a Isla de Pascua,
de Islandia a Camerún,
de Armenia a Costa Rica.
Pero he conocido un volcán
que no desprende lava,
ni rocas negras, ni ceniza.

Hay un volcán que saca
mariposas rojas
por la garganta de la chimenea,
que lleva pieles de leopardo
y las uñas azules,
un volcán que se pinta los labios
mientras se come el puto miedo
entre el pan y pan
que ella misma ha cocinado.

Hay un volcán de pasión
que nos zarandea -si quiere-,
con explosiones pintadas
y nos arrastra a kilómetros de distancia,

como si fuéramos frágiles cometas.

Hay un volcán
que estalla en pinceles
y arrasa
y luego hace de tripas corazón,
- porque de todo termina
haciendo corazón-
y se lame las heridas
y las lágrimas
que le resbalan por los afectos,
y se realimenta con los golpes
y regresa potente y rotunda
diciendo aquí estoy yo.
Hay un volcán
tocado por la gracia
de la fantasía y de la magia,
y de su ilimitada chistera saca
pianos que se llaman Pablo,
dientes de león,
ensaladillas de Pascua,
donuts y suspiros panciverdes.
Hay un volcán
que hace sonreír a las baldosas
por donde pisa.

Gloria Nistal Rosique

Es un volcán que todo lo quiere
y a veces todo lo puede.
Se contrae y se expande
Como las ardientes vísceras de
profundis.
Hay un volcán en esta tierra,
más allá de los veinte
o treinta visitados,
que tiene muchos nombres
y variadas magnitudes:
Mater generosa,
Drag queen de las amapolas,
Reina de corazones,
Señora de los abrazos.

De todos los volcanes
que he visitado
es el ciclón más desmedido,
un torbellino ancho de miras,
un tornado de altas metas,
una sima de profunda pasión.

Es un volcán
fieramente humano,
que se asoma con muchas dudas
hacia lo divino.

Alejandría

Desde la diminuta villa de pescadores
que fue Rakotis
has ido creciendo
y enamorando imperios.

Alejandro te dio su nombre
y Ptolomeo vislumbró
en la isla de Pharos
el faro de las maravillas,
al que se empeñó en llegar
asfaltando el mar
con siete estadios.

Cruce de caminos y religiones,
ciudad cosmopolita
bendecida por Osiris
y poblada de papiros,

Ibn Batuta te soñó
haciendo milagros para ti.

Hermana y rival de Roma
y Constantinopla,
rotunda, sonora, iluminada

con el brillo del mar
que siempre será nuestro
y la luz de los libros
que nos explican el universo.
Calímaco ordenó por ti
la biblioteca universal,
que, como Borges pensaba,
era la mejor, o la única,
manera de imaginar el mundo.

Cuando morir por Alejandría
tiene nombre de mujer

Hypatia a orillas de un mar
que tiene al sol domesticado.

Hubiera querido haber frecuentado
tu casa, tu escuela,
que es una tautología.

Quisiera haberte escuchado
con una túnica ligera
y cargada de pergaminos.

Quisiera haber aprendido
los nombres de los astros
en tu jardín de sabiduría,
un vergel donde florecen
la razón y las peonías.

Quisiera haber sido
una rosa de Alejandra
y que siquiera una vez
te hubieras inclinado
a olerme complacida.

Gloria Nistal Rosique

Quisiera haber sido
tu discípulo no traidor
y protegerte del desastre
frente a las turbas enajenadas.
Y visitarte después,
más allá del espacio
en ese Mare Tranquilitatis,
donde reposas ahora
entre los arcanos
cráteres de la luna.

El estado de las palabras

Han recorrido los toboganes
de mil alambiques
hasta alcanzar
el mar del sublimador.

Las palabras se desgranan
y líquidas ya
se evaporan
hasta convertirse en mariposas
preñadas de crisálidas.

Su polen recorre el mundo
y lo siembra de poesía.
Vuelan inasequibles,
observando maravillas
desde la altura,
como los drones.

Y al tocar la tierra
se hacen fuertes,
sólidas,
como los pilares
de los puentes.

Gloria Nistal Rosique

Noche en Sierra Mágina

Sin contaminación
en el inmenso lienzo
ciego y nocturno,
he sido testigo
de un espectáculo
de caprichos asombrados.

Tapiz único y desmesurado,
noche en la sierra
de las magias y los minguillos.

Por una vez,
lejos del mar,
me ha sido dada
la exagerada emoción
del universo.

Eran millones,
polvo infinito,
cada mota trémula
un misterio inapelable
desbordándose en brillos.

Yo no estaba preparada
Y no se han dejado atrapar
más que por mi retina
emocionada.

Así se han ido sucediendo
las horas afortunadas

Primero un gallo,
robot de los relojes,
ha cantado algunas veces.

Después,
ha ido llegando un sol
aprendiz y bostezante
para apagar
de un soplo largo y certero
las infinitas luces de la noche.

Gloria Nistal Rosique

Un día miré mis manos
y quise huir despavorida

Eran mías, sí
y habían pasado
sesenta y cinco años
desde que las vi
por primera vez.

Las sentí alargadas,
estilizadas,
horriblemente envejecidas,
bellas, tal vez,
por sus significados,
pero quise correr
y olvidarlas para siempre.

Quizá no fuesen mías
y podría salvarme
de la ignominia
que me emparentaba
con la parca.

Que descanso!
pensar que eran ajenas,
de otra,
de una pobre diabla,
de una anciana
que de seguro no era yo.

Las miré de nuevo.

¡Qué horror!, ¡qué pesadilla!
ahí seguían,
unidas a mi cuerpo,
sin solución de continuidad.
indisolublemente pegadas,
a este esperpento engreído
que ya sabe demasiado.

Y por fin desperté,
¡qué paz!
salir de ese decrépito mundo
con pretensiones de realidad.

Gloria Nistal Rosique

Me presenté en el uso de razón

con grandes proyectos
y esperanzas en la cartera.
Me pensaba diferente,
tal vez superior.

Fui alumna destacada
y unos cuantos profesores
alimentaban mis aspiraciones
con su aquiescencia y complicidad.

Luego el amor perfecto
se presentó dejándome
toda patas arriba.

El gran batacazo,
el bataclán de mi existencia,
con varias víctimas mortales
interiores
y alguna de carne y hueso,
ocurrió casi de repente,
en plena juventud.

Y después,
ninguna de mis moléculas
siguió cumpliendo
sus funciones asignadas.

Hay golpes que truncan vidas.
Fui un toro humillado
en la suerte de varas
y durante años conviví
con una angustia constante.

Me preguntaba por qué
tanta fortuna
y tanto infortunio
se habían entrelazado
hasta bordar
un tupido tejido indisoluble.

No entendía nada.
Estaba habitada de perplejidad,
mientras el mundo
confabulaba en mi contra
buscando algún otro culpable
que explicara los sinsentidos.

¿Cómo podían doler
tanto las heridas?
¿Cómo la angustia no cesaba
si yo no era
más que un grano de arena
en un Sáhara obstinado?

Tenía que curarme
de la enfermedad
de no entender.
Durante años
las lágrimas empaparon
algunas de mis sábanas,
pero no fueron capaces
de inundar la desesperación
de mi garganta.

Tenía que sobrevivir
a los desgarros,
pero no era más que
un jirón convaleciente.

Después de tanto dolor
y doler acumulado
aprendí a mirar el mundo
desde lo alto.

El espacio fue mi salvación.

Desde allí veía mi sufrimiento
como una mota
que terminaría maridando
con la nada.

Esa percepción de la pequeñez
mitigaba mi sufrimiento.

Verme como un ser relativo,
minúsculo, accidental
y prescindible,
aplacaba mis ataques de pánico
y mi ira sacrílega
que, de tanto en tanto,
se alternaban.

Y aquí estoy hoy,
después de haber estudiado
las causas y el origen
de mil y algunas otras guerras,
después de haber viajado
varias veces,
y por diferentes medios,
a más de una galaxia,

después de haber perdonado
tantas ofensas
que ya perdí la cuenta,
aquí estoy hoy
sufriendo -muy levemente-
una pandemia
que afecta a nuestro pueblo
y al único universo conocido,
después de mil después
que terminarán
desembocando en uno sólo.

Aquí estoy,
con la perplejidad
en las vísceras
y el escepticismo en el bolsillo,
con la vejez en las piernas
y la sabiduría en los silencios,
y todavía,
a fuerza de resistencia,
con cuatro pobres principios
y una sonrisa a flor de piel
…, por si alguno la quiere.

La paz de las pequeñas cosas
me enamoró hace siglos

Desde que soy apta para el recuerdo
fui aceptada en su modesto club.
El rito de iniciación era sencillo:
dar cobijo a la paz,
llevarla dentro.

Militaba en filas mercenarias
y caí del caballo, como Pablo.
mis heridas rencorosas
fueron sanando suavemente
dejé de perseguir los fantasmas
de los macros
y las grandes magnitudes,
supe
que no estaba en mi mano
dirigir palacios de Congresos,
ni modificar la traslación de la tierra.
Y compartí la fruta
de la paz y la pasión,
olvidé las venganzas
y todo el dolor infligido
en anteriores contiendas.

Gloria Nistal Rosique

Advertí que mi nuevo mundo
era humilde, minúsculo,
aunque, a su modo,

también utópico y poderoso,
que mis guerras
son las únicas
que yo puedo evitar
y en ese afán
volqué innumerables esfuerzos.
y te aseguro
que tuve que trabajar duro
y empeñarme a fondo
porque los trenes de la paz
tampoco esperan.
La paz de las pequeñas cosas
me enamoró hace siglos.

La luz se cuela

entre los resquicios
de mis tejidos acuosos
y alimenta mis entrañas.
Soy una sombra iluminada.

La naturaleza
alumbra esperanzas
en tanto digiero con dificultad
el pasado y lo pasado.

El tiempo pasa ajeno
y alocado
dejando arrasados,
como por el huracán,
los sueños perseguidos
por mis pasos,
poco a poco más pesados.
Entiendo más,
pero viviré menos.

Si la juventud supiera, si la vejez
pudiera...

Gloria Nistal Rosique

Se acrecientan
las angustias y las llagas
y entran en lucha titánica
contra el esplendor del día.

Batalla diaria,
las ilusiones despiertan
para dar entrada
a la melancolía,
poderosa dueña de todas las
penumbras.

Combate desigual entre estaciones,
Acechan temores recurrentes,
la implacable victoria invernal
absorbe la sangre de mis venas
y deja heridas de muerte
las articulaciones de mi alma.

Sólo espero con ansiedad,
casi fuera de combate,
el regreso sanador
de los días cálidos,
el aliento impagable
de la vida iluminada.

Hay demasiado ruido fuera

la calle es de otros,
no la siento mía.

La calle
es de quienes aspirar
a derrocar
dictaduras o democracias,
alternativamente,
que todo vale
si se trata de destruir.

La calle es
de los que quieren demoler
en lugar de edificar
porque es más fácil
ser muchedumbre airada
que individuo con dudas.

Para construir
sobran gritos y consignas,
hace falta un equipo
con metas comunes
y alguna sonrisa
de complicidad.

La calle es ingrata,
maledicente
y arranca y se arroja
sus propios adoquines.

Me cuesta cada vez más
salir a la calle,
se me abren
las carnes del alma,
aunque allá en lo hondo
tengo yo la ilusoria creencia
de que es mi deber salir
a reivindicar la paz.

Mi libertad

de verso libre
se hornea con fracasos.

Expresar mis humildes principios
me ha depositado por lustros
en las cunetas de la importancia.

Hice el doctorado en la paz
de las pequeñas cosas,
pero esa disciplina minoritaria
es observada, alternativamente,
con recelo o con desdén.

Nunca he levantado
un palmo del suelo,
nunca he remontado el vuelo,
aunque en ello me afane,
varias horas al día
como un aplicado
estudiante de piano.

Puedo afirmar, eso sí,
que he disfrutado
una y mil noches
de placer incontestable.

Gloria Nistal Rosique

Miro ahora mis manos
y huyo con horror
de la tormenta de polvo
que anticipan.

Soy algo, no soy nada,
deshojo constante
esa margarita
del quiero y no puedo.
La angustia crece
como la hiedra
y cubre todas las paredes
de mi estómago.

Sólo una vez lloré de rabia y odio,
sólo otra vez lloré de amor
hasta secarme.

Ahora estoy contra las cuerdas
atándome
un nudo en la garganta
con la vana esperanza
de que se deshaga,
como por arte de magia,
en un abrir y cerrar de ojos.

Mis sentimientos son piedras,
ni una lágrima aflora,
sólo un aire amargo
y enquistado
ventila ahora mis pulmones.
Toco fondo,
estoy llena de heridas.
Todas las puertas
de la fortaleza de la soledad
se van cerrando.

Sin embargo,
cada mañana
un resquicio distinto
aparece en una estancia diferente.
como la travesura de un demiurgo
juguetón o despiadado
parece entreabrirse
una chispa de vida
que me dedica
un guiño revoltoso
entre los opresivos muros.
Una fuerza extraña y telúrica,
me empuja
a abrir las ventanas
y airear mis angustias.

Veo entonces
que me saludan
los sueños
que me quedan por cumplir,
los deseos, las esperanzas
y las sonrisas.

Y corro hacia ellos,
me entrego
a sus utópicos abrazos
porque sé que esa
es mi única escapatoria.

Eterno retorno

Creer que vivimos
lo más único entre lo único,
es, de nuevo,
una forma de etnocentrismo,
un volver a situarnos
en el centro del universo.

Y seguimos, una y mil veces,
repitiendo errores,
sin elevarnos, sin tomar altura.

Pero yo digo
que todo se olvidará
y se cubrirá de polvo y musgo,
como se olvidaron tantas guerras
del pasado,
como se olvidó
la llamada gripe española,
que rescatamos de los anaqueles
arrumbados.

Gloria Nistal Rosique

Todo pasará,
como han pasado
tantas guerras,
que hacen insoportables
los presentes,
y ésta no será
más que una guerra pasada,
que dejó a su paso millones de muertos,
la peculiar forma de guerra
que nos ha tocado vivir.

Se acabaron las catapultas,
las trincheras y los cañones
y esta es nuestra guerra
y después vendrán otras,
galácticas, con drones,
bacterias o robots.

Esta es nuestra guerra,
la que sufrimos hic et nunc,
como si no existiera la historia,
como si el pasado
nunca hubiera tenido lugar.

Esta es nuestra guerra
y pensamos que nada será igual,
pero todo será igual
y todo será diferente.

Y nada será igual
como nada fue igual
para quienes desmontaron las
catapultas,
subieron de las trincheras
y bajaron de los tanques.

Nuestra vida
difícilmente
podrá ser la misma,
pero nuestros nietos,
y, quizá, nuestros propios hijos
estarán tocados
por la gracia del olvido.

Ellos
no recordarán nuestro sufrimiento.

Las estrellas han huido,

tal vez avergonzadas
de su escaso brillo.

Una niebla espesa
se ha apoderado de la atmósfera
y los edificios
son fantasmas
que juegan
a disfrazarse de equívocos
en una densa
y efímera ceremonia

-        Parecen de cuento
-        Parecen misteriosos
-        Parece que tienen
un halo de ensueño

-        Parece...

Y yo,
cerca ya del toque de queda,
retrato paisajes con velo
cómplices del olvido.

Entre mis dedos
me llevo a casa
la humedad de una noche
de emburujo irrepetible.

Gloria Nistal Rosique

Mi vida son los huracanes

Unos tras otros me arrollan
y se adueñan del pobre orden
establecido.

Durante lustros yo fui un ciclón
replicado
en cien tormentas tropicales.
Tardaba en aprender
a defenderme de mí misma,
sorprendida
por las tempestades
que entraban en mi vida
echando la puerta abajo.

Ahora los vendavales
vienen del norte
y todavía me desbordan
y me marean,
pero ya no me buscan a mi
sino a lo que he sido,
persiguen mi vida huracanada.

Pasé de la infancia a la poligamia
cabalgando un huracán perplejo,
que aceptaba su naturaleza
mientras galopaba hacia el vértigo.

Mi montura envejece ahora,
que colecciono
memorias de tornados.
Pero me niego,
increpo al cielo, me rebelo,
grito con rabia,
juro resurrección
o incluso venganza,
tengo tanta energía acumulada,
tanto torbellino en esta piel
de deseo huracanado ...

Del libro Wiosna en Varsovia

Gloria Nistal Rosique

Mensaje cifrado

Vivimos en estado de sitio.
El toque de queda
impone
que a las cuatro
corramos a casa.

Es de noche.
El páramo está nevado
y enloquece
las mentes de los fantasmas.
El barro blanco todo lo ensucia
y algunas personas
están tan tristes
que no saben
de qué pueden reírse otras.
Nosotros celebramos
algunas reuniones clandestinas.
Somos la resistencia
y no queremos olvidar
que es posible un mundo mejor.

Por fin un día las yemas
de los árboles
enseñan tímidamente

su mensaje cifrado,
La crisálida va a estallar.
La frase
corre como la pólvora
de boca en boca,
Los aliados están entrando por
Kampinoski
y en unos días tomarán la ciudad.

Los cañones disparan
olores de primavera.
A brochazos verdes los soldados
entierran las palas y el barro.

Bajo los brotes
aparecen las primeras
hojas tiernas y las sonrisas.
La gente sale a la calle y grita:
Primavera y libertad.

Del libro Wiosna en Varsovia

Gloria Nistal Rosique

Me pesa la libertad

Es una carga
que dirige mi vida obstinada
y nómada.
Ella me obliga a huir
de lo que me acosa,
de lo que me constriñe.

Me pesa, me pesa, me pesa
la libertad.
Por ella
no tengo cuerpo ni estabilidad.
Por ella mis sencillos tamices
apenas han encontrado el oro.

Me pesa la libertad.
Ella me ha dejado sola.
Ella ha sido mi causa,
mi punto de mira
y mi punto de fuga,
mi exótica religión.
Ella explica
mi trayectoria extraña,
mi errática cosecha.

Me pesa, me pesa, me pesa
la libertad.

A ella he dedicado mi devoción
entregada,
mi carrera.
A ella le debo lo bueno y lo malo,
mi laberinto.

Del libro Wiosna en Varsovia

Gloria Nistal Rosique

Hay tantos sueños

que cumplir antes de marcharse
que voy a tener poco tiempo
para las venganzas.

Imagino que el odio
desgasta mucho.

Me temo
que entretiene demasiado
la represalia
por las afrentas recibidas.

Yo no voy a hacer la guerra,
aunque a veces miro al infinito
y disfruto inevitablemente
pensando en il Dante.

¡Qué inteligente!

¡Qué afinada suerte eligió
enviando a todos sus enemigos
al infierno,
perdiendo la llave
y publicando luego la lista

para castigo
por la eternidad!

A mí me han herido y me han
despreciado unos cuantos
unas cuantas veces,
pero es más probable
que mi vendetta
quede en el agua de borrajas
del menguante cajón
de mis malos recuerdos.

Entretanto tengo
mucho que hacer,
mucho que disfrutar
de lo que me quede,
todavía quiero darme más
y más, a manos llenas,
y beberme la vida
a grandes tragos.

Aún tengo bastante
que agradecer a
unos pocos hombres,
y muchísimo
a unas cuantas mujeres,

Gloria Nistal Rosique

incluso tengo que dar
gracias a los dioses
que han ido señalando
mi peculiar camino.

Del libro Wiosna en Varsovia

Una mujer sola

luchando contra corriente,
Rara avis,
difícilmente alineada,
poco apadrinada,
rompiendo vínculos continuos.

Una mujer sola
en un mundo de hombres,
en un mundo desconfiado,
en un mundo depravado,
sin amiguetes
en un mundo de influencias,
mayor ya.

Una mujer sola,
arrastrando silencios,
arrastrando secretos,
arrastrando obligaciones,
soportando
el paso del peso que la pisa,
sin arrastrarse jamás.

Gloria Nistal Rosique

Una mujer sola,
siempre en fuga,
inclasificable, insatisfecha,
imprevisible,
mercenaria experimentada.

Freelance de la supervivencia,
siempre por libre,
siempre libre.

Del libro Wiosna en Varsovia

Vivir en el espacio

como las estrellas
de mar.

Cabalgar frágil, evanescente,
como los caballos
de vapor.

Sentir que todo deja huella,
como en las arenas
movedizas.

A veces el mundo duele
como las muelas.

A veces las imágenes
son metralletas
y la esperanza languidece
herida de melancolía.

A veces la sensatez sonríe
y permite sobrevivir
frente al desahucio.

Es, relativamente fácil,
esforzarse
y cambiar la tristeza en alegría.

Es, relativamente fácil,
quitar la pena
con un gesto solidario.

Hay alguien que puede.
Todos debemos.

Las palabras caen lentamente,
como Alicia,
por el lento vacío
de los agujeros negros,
y alcanzan las redes
de la depresión económica.

Hay un antídoto en la mesa
y se pueden leer las instrucciones:

Poner manos a la obra,
construir un sólido edificio
de cordura,
establecer el imperio
de lo solidario.

Dejar que las palabras
toquen fondo
y den un golpe de estado,
que inunden los campos
de arroz,
y tomen por fin el poder
y el capital,
que envuelvan y embriaguen
los sentidos,
que nos den un respiro emocional.

Continúa la receta:
Entregarse a las olas del viento,
emprender el vuelo,
y no ser embargado
más que por la emoción.

Del libro Wiosna en Varsovia

Gloria Nistal Rosique

Han cerrado las fuentes

de los parques
y de las certezas.

Caen por la ciudad
indiscriminadas bombas
que predican el alejamiento.

Ponemos metros de soledad
entre las sonrisas
y nos volvemos enemigos del tacto,
que ha sido proscrito.

Unidos lo lograremos
significa a veces
separados sobreviviremos.

Recibo sonrisas
desde un móvil inmóvil,
pero en este momento
necesito,
por encima de todos los bienes,
violar el toque de queda
y disfrutar de una caricia
que no se cargue en la red.

Como cuando hay excedentes

en el campo,
los cielos
han arrojado hoy
millones de botes
de pintura blanca
sobre los tejados
y las calles de mi pueblo.

Los fantasmas aplicados
han envuelto
todos los parques
con sábanas,
como se cubren
los muebles de las casas
inhabitadas.

Una montaña
de ramas albinas
me ha cortado el paso
a los sueños y los regalos,
en tanto que D. Giovanni,
o su commendatore,
me gritan sin tregua:
¡Pentiti!

Gloria Nistal Rosique

Y yo respondo
una y mil veces
¡NO!
mientras me quedo atrapada
Ee una estampa navideña
que se disolverá
por las alcantarillas
como si fuera nata sucia.

Y el sol,
ayer endiosado,
y hoy pobre de solemnidad,
será incapaz de curar
las cuchilladas blancas
de mi palmera arrodillada.

El temporal de nieve Filomena (enero 2021) aisló Madrid
durante diez días y dañó centenares de miles de árboles

Han pasado treinta años

del infausto comienzo
de las guerras privadas,
que hipotecaron una amplia década
de mi juventud.

Y yo ya estoy sola
en la proa de una casa
que se derrumba
por el peso
de tantas heridas.

La libertad, quizá la memoria,
me ha hecho mella,
muescas en la piel.

Soy la pistola, tatuada de muertes,
de un forajido trasnochado.

Después de semanas de reclusión
hoy el sol disfruta
de un agradable tercer grado.
Es un astro tibio,
que, con todo,
consigue iluminarme.

Gloria Nistal Rosique

Algunos de mis objetos
van surgiendo, reflejados,
en la varita de este Helios inseguro.

¿Qué significa esta nueva guerra,
ahora planetaria,
para quienes llevamos años
en la más desierta soledad?

Un lugar para la introspección,
el ejercicio de reflexión
de lo externo,
que ahora irrumpe
desde todos los frentes virtuales,
el dolor inapelable
y analógico de los otros,
un lamento empático
después de que se secara
el manantial de las lágrimas
del dolor propio.

¿Qué es esta pandemia para mí?
Nada,
Vacío,
más ausencia,
alimentarme de mi pasto interior,

agotar las baterías y las reservas
de las sonrisas,
esperar para atesorar de nuevo
las miradas cómplices,
esas que hablan en un lenguaje
que no tiene diccionarios.

Pero yo estoy bien,
lo sé,
mi fortaleza, la fortuna y los dioses,
que siempre juegan a la ruleta rusa,
me han protegido,
o tal vez tú,
que ahora habitas
en el reino de las utopías
que nunca existieron.

Yo estoy bien,
rodeada de soledad,
asomada,
como siempre,
al ancho océano
del vacío y la esperanza.

Gloria Nistal Rosique

Otra vez suspendida

del frágil hilo del destino,
otra vez suspendida
en las materias troncales,
mientras las caprichosas Moiras
retrasan el uso de las tijeras.

Otra vez empezando,
a la edad de los retiros,
o tal vez sólo a la espera,
del disparo
en la línea de salida
de las ilusiones y los proyectos.

No me doy por vencida,
aunque esparza por la arena
la sangre de las banderillas
y las paladas de la tierra sucia
sepulten mi vanidad.
Nací para ser toro bravo
y morir en el intento
de haber sido indultado.

No quiero quedarme inerme
agazapada tras los bombardeos.
Algo tengo que poder cambiar,
aunque solo sea mi propio rumbo.

He aprendido mucho,
tengo lecciones
para dar y regalar,
pero sigo buscando ampliar temario
de toda clase, cualidad y condición
porque la riqueza más íntima
se multiplica dando
y en sentido inverso
al acopio
de los bienes de este mundo.
Por el momento recompongo
mis añicos desparramados
por el suelo del orgullo
y me vendo al mejor postor
de las caricias del alma.

Gloria Nistal Rosique

Ahora la vida continúa

su insensato camino
con los ojos cegados.

No mira,
no se para,
afila sus irreflexivos cuchillos,
más ofuscados que la injusticia,
tal vez
más acosados que la justicia.

Da una y más vueltas de tuerca
a la soledad,
aprieta los agujeros
de los cinturones de la pobreza,
oxida los abrazos,
prohíbe los besos,
pasa y olvida,
torpe, lenta,
al trote, al galope,
desenfrenada.

La vida no lleva cuentas
de sentimientos ni heridas,
malabarista fallida

arroja al cielo
y recoge del suelo
bolas de bienes y estragos
mientras lanza de espaldas
su flamante ramo de novia.

No sabe nada,
no le enseñaron a conmoverse.
¡pobre! como todos,
ella
se alimenta de azar
y tampoco es dueña de su destino.

El coronavirus es nuestra peculiar guerra
en los años 20 del siglo XXI

Gloria Nistal Rosique

La leyenda de la visita
de la diosa Durga a Madrid

Algún dios enojado
lanzó su maldición,
o su embrujo,
sobre mi pobre pueblo.

No recurrió esta vez al fuego
ni a las figuras de piedra,
sino al manto blanco
de la invisibilidad.

Entonces se hizo el silencio.

La vida se aisló un poco más,
encerrada como ya estaba
en las mazmorras
de un sigiloso cancerbero,
que sólo se alimentaba
de muertos.

Mi pueblo quedó oculto
por diez días,
que es el tiempo de caducidad
que tiene esa lechosa capa,

después se vuelve gris
y deshilachada
y pierde
todo poder de encantamiento.

Un buen día,
empezamos a ver amanecer
a través de los huecos
del agujereado y sucio abrigo.
Los árboles se abrieron paso,
pero ¡qué desgracia!
estaban todos mancos
pues el pesado rayo
de la blancura
los había cercenado.

Algunas ráfagas de vida
escaparon de sus prisiones
y llegaron lentas a reivindicarse
y enarbolar una resistencia.

Avisada de las desdichas,
la diosa Durga,
la que elimina los sufrimientos,
la madre de la naturaleza,
la que no teme a nada ni a nadie,

Gloria Nistal Rosique

llegó con su cohorte de brazos
en auxilio de la vida resiliente
y pidió a los árboles,
que lucharan a brazo partido,
como no podía ser de otro modo,
pues era cuestión
de su propia supervivencia.

Y aquí se quedó la diosa,
también llamada Deví,
trabajando sin descanso,
sembrando granos de sol
y semillas de esperanza,
hasta que pudo venir Perséfone
con las manos llenas
de brotes y botones verdes.

Entonces, Durga,
a lomos de su león
se pudo volver a la India
a descansar.

*Casi un millón de árboles dañados
por el temporal de enero 2020 en Madrid*

Pragmática

Una vez me echaron del paraíso
y quedé muy tocada,
pero ahora me han expulsado
del infierno
y estoy desconcertada.

No sé bien dónde estoy,
ni si estoy siquiera,
¿en tierra de nadie?
¡Qué raro vivir en este limbo!
en el arcén de la normalidad,
en la vida suspendida.

No sé si queda algo de mí,
o si podré recomponerlo.
Imagino que sí,
porque de todo se sale
y de todas he salido
y, si no,
se continúa trabajando
en el más allá.

No queda otro remedio
que creer en la reencarnación,
o en el ave Fénix,
que viene a ser algo similar
en hemisferios diferentes.

He pegado ya algunos trozos,
pero no encuentro
los añicos más pequeños,
son esquirlas mínimas,
muchas,
y se aprecia su falta.
El resultado es deforme,
como la porcelana quebrada
restaurada por un niño
que tiembla a escondidas,
como un muñeco roto
habitando la perplejidad.

Pero así también se puede vivir.
Y en esas estoy.

¿Qué puedo yo hacer

en esta absurda pandemia
que ha reducido al límite
nuestros movimientos?

Cuidarme,
cuidar de los míos,
sembrar serenidad
frente a la destrucción
de los irreflexivos,
comprender las decisiones
de otros,
intentar ayudar,
ser como Wittgenstein,
De lo que no se puede hablar
es mejor callarse.

No difundir errores,
Falsas noticias y
remedios ficticios,
no difamar
porque la semilla del mal
florece y se regenera
en múltiples mutaciones.

Gloria Nistal Rosique

Colaborar,
cooperar, empatizar,
acercarse a la vida normal,
y, tal vez, sonreír.

Aprovechar el tiempo
y las esperas
para entrenar
los músculos de la paz.

La vida que se mide

con un reloj de pálpitos
es indudablemente bella
pero frágil,
como un molinillo
al viento.
Y a veces es tan firme
como una sentencia
... de por vida.

La vida interior,
la que se cuenta en emociones,
está sometida
a continuos huracanes,
el halago,
la importancia,
el deseo desmesurado,
la guerra,
la vanidad de saberse
superior.

Y desde lo altivo,
que no desde lo alto,
es más grave la caída.

Gloria Nistal Rosique

La vida
es eso
que un día nos dejaron
en usufructo
y vamos criando con sueños
y acreciendo,
a la espera
de su devolución.

A Fernando Botero

Redimiste tu nombre
de ángel caído
con tus Gordas.
Alegraste ciudades oscurecidas,
edificios entristecidos
y jardines desérticos,
pero también vergeles,
centros de gran lujo,
urbes lluviosas,
y tránsitos de viajeros
desde donde despegan las aves de los sueños.

De Medellín al mundo conocido,
de Chile a Rusia,
de España a Singapur,
de Suecia a Japón.
La nieve cubre a veces
las desnudeces poderosas
que salieron de tus manos,
mientras que otras manos
exudan mil fantasías
por los dorados pechos
de tus bronces felices.

Gloria Nistal Rosique

Has ayudado a sonreír al universo,
nos has enseñado a pronunciar
tu nombre y sus redondeces.
Llenaste de volumen nuestra tierra
y de salud y de color.

Gracias, Antioquia, matriz del genio,
Gracias, Maestro.

Si las palabras fueran líquidas

bucearía en ellas
como entre las estrellas de mar,
a veces lo son
y me empapan de sueños las vísceras.

Si las palabras fueran líquidas
celebraría mil fiestas
regadas de amores y humores húmedos,
a veces lo son
y me dilatan el (arco) iris.

Si las palabras fueran nubes
volaría a otros mundos
con el timón del viento del sur,
a veces lo son
y cabalgo el orbe con ellas

Si las palabras fueran sólidas
construiría edificios de cristal,
luz y ternura,
a veces lo son
y me dejan acariciar tu regazo infinito.

Si las palabras fueran tú,

que reinas en todos los estados,
te dedicaría una danza india y circular,
a veces lo son
y a tu son bailo.

Estoy posponiendo

Mi dedicación a las palabras
hasta un punto blanco
en el horizonte,
hasta una diana cegada
por un sol
que no me ha sido dado
desvelar.

Tal vez nunca llegue
ese momento,
quizá mi cuerpo no reaccione
entonces,
solo mis manos agrícolas
serán testigos privilegiados.
Ellas tendrán la misión
de relatarlo todo,
de narrar las maravillas
que me entretuve en ir sintiendo,
esas que ocurrieron
mientras yo las transitaba.

Pero aún no me ha llegado
el día del verbo,
todavía no dispongo

del tiempo suficiente,
entretanto, respiro,
Inhalo emociones,
reparto sonrisas,
vivo.

No hay salida,

sólo la de emergencia.
No hay manera,
a veces ni siquiera la mía,
ni la de Frank.
Navego, vuelo, nado, camino, sueño
atravesando con dardos ilusos
la soledad del silencio.

Me esfuerzo en dibujar iconos,
mensajes en una botella
que desaparecerán
en un mar anónimo
o descifrarán unas manos olvidadas
desde un presente
que será mi futuro lejano.

Nací sin tiempo
con una indescifrable y cercana
fecha de caducidad.
Estoy hecha de dones y cicatrices.

Me creí tocada por una gracia,
que por el momento
no ha roto aguas,

el viejo cascarón de mi barco
naufraga
entre los mil remiendos de su quilla,
todo son arrugas en el alma,
también las sonrisas.

Piezas de una exposición

Se mezclan
en los alambiques
del azar
esencias de mi destino
inesperado.

Lo ignoro casi todo.

Desciendo
por el lento agujero
de Alicia
a la espera
de noticias con certeza,
añoro un colchón
que termine acogiendo
mis huesos sorprendidos.

Somos varios
cayendo por el moroso
tubo del vacío
y compartimos el asombro
de un futuro imperfecto.

Piezas singulares
de una instalación móvil,
que sueña con perpetuidad,
mientras reproduce
recurrentes instancias
programadas
de un porvenir ignoto
para deleite
de quienes habitan
el Olimpo.

Parece que para eso
nos han traído
a esta exposición.

Para soñar el poema

Vestiré los trajes más auténticos
sobre la desnudez de mi cuerpo libre
y mi cuerpo estará cómodo
y me cuerpo se sentirá descansado.

Para alcanzar el poema
subiré de tu mano
la suave pendiente
de los días cotidianos
y los días serán solidarios
y los días se harán pacíficos
porque no cabrá otra rebeldía
que la de volver al hogar en calma.

Para rozar el poema
modelaré los cimientos de tu piel
con mis mano de barro y nubes
y tu piel conocerá la sensación de la tierra
y tu piel alada caminará por el cielo.

Para encender el canto
avivaré las llamas de la seducción constante
y tendrás por el fuego el calor
y encontrarás por el fuego el misterio.

Gloria Nistal Rosique

Para entender el canto
revisaré ávidamente
todos los códices de la historia
y la historia, aunque injusta y ciega,
señalará lo que fueron los hombres
y la historia nos ayudará a comprender tu
nombre.

Para cantar el canto
cantaré contigo por el mar de siempre
y en el alma del mar estará tu esencia
y en el alma del canto seré tu compañera.

Para vivir el poema
que significa canto y despierta la gloria,
viviré con ella desde lo eterno,
para vivir el poema
que significa canto y conmueve la gloria,
seré con ella hasta lo eterno.

Del libro *Desde el trópico*

Yo escribo por necesidad,

por necesidad de ser y de contar.

Yo escribo porque las palabras
son anticongelantes,
anticoagulantes
y me mantienen viva, despierta,
caliente, inusitadamente esperanzada.

Tengo algunos miedos, es verdad,
pero los ahuyento
con los conjuros de las palabras.

Yo escribo porque a veces me pesa demasiado
el fardo de participar en la naturaleza humana.

Escribo para dar las gracias
porque pude ser un ángel destructor,
porque pude haber sido capitán de un barco
negrero
camino de Cartagena,
porque pude haber sido Hutu en Rwanda,
khemer rojo en Camboya, soviético en Katyn,
o teniente nazi en Treblinka.

Gloria Nistal Rosique

Escribo porque un solo golpe de azar,
o una caprichosa combinación de estrellas
me liberó de ejercer cualquier forma de tortura.

Escribo porque el destino
me hizo estar al otro lado,
al otro lado de la oficialidad,
al otro lado de la política de los compromisos,
que inevitablemente
utilizan a los civiles como moneda de cambio,

al otro lado de las armas,
metales preciosos y codiciados,
diamantes de sangre,
al otro lado de las convenciones,
de los papismos y los talibanismos.

Escribo para ser juzgada a pecho descubierto,
para purificarme,
para saber más,
para entender un poco de este mundo
desbarrado,
para estar entre los que se bañan en las fuentes
del conocimiento y del inevitable dolor
que lo acompaña.

Escribo porque desde algún lugar remoto
un ser pacífico me dicta
y me pide
por trasnochado, políticamente incorrecto o
blando que parezca,
que insista, que siga, que no me canse de hablar
de la paz.

Para eso escribo.

Del libro El amor y yo

Gloria Nistal Rosique

A Federico García Lorca

Llegaron galopando por mis sienes
los caballos de tu ausencia,
volvieron lentos cuchillos
labrados de adioses verdes.

Con la hiel de sus gargantas
tiñeron locos tambores,
arrancando camisas blancas
de las gitanas barandas.

El fuego de la venganza sembró
semillas de almas negras
sobre mis penas de plata.

La sed que se despertó,
desgarró las entrañas yermas
de mi vientre de luna airada.

Gritaron y maldijeron,
invocando amapolas rojas:

-     Federico, ¿dónde estás?
-     Federico, ¡no te escondas!

El poeta desgrana al piano
seis delgadas y tristes notas.

-        ¡No te preocupes, hermano!,
              Federico vendrá.
-        Y ¿por dónde?

Encarnado desde entonces,
fugitivo de su destierro
de tierra honda,
con aromas de jazmín y azahar
y un gran mar de caracolas,
sonriendo, brazos abiertos,
Federico, con su amor, asoma.

Del libro El abrazo del nogal de Daimuz

Gloria Nistal Rosique

Desgrano palabras jugosas

por mi cuerpo
de fruta gramatical.

Elaboro con euforia
un poema
del tiempo inconsciente,
mientras lanzo al aire
los dados trucados
de un mago trilero.

Flotan hojas lentas
por el espacio ausente
de tu mente.
Rezuma de mis dedos
una sabia intensa
de combinatoria imposible.

Soy tronco y tallo
enredado en la tierra.
Los manglares
matemáticos y astronómicos
me prestan versos y raíces,
que siempre han soñado
con alas.

Me deslizo a través del seno
plácido del agua.
Como un dardo a cámara lenta,
avanzo, desgarrada y feliz,
alimentando el árbol
suspendido en el centro
del líquido amniótico.

Soy semilla y hoy me he desvelado.

Del libro Ocho y más

Colección
Sembremos Arte

Fundación Grainart

Desde la Editorial

Una colección de libros tiene la importancia de manifestar por parte de los editores, un esquema organizativo de selección con destino a un público lector que confía en la seriedad y reconocimiento

Con ese objetivo, Ediciones Grainart de la ciudad de Cali se complace en presentar la Colección "Sembremos Arte", que cuenta con un escogido grupo de autores tanto nacionales como internacionales cuya meta es compartir la cultura con temáticas y estilísticas variadas.

Pero más que una apuesta editorial, es una confirmación sentida para que los lectores conozcan a este grupo de cultores quienes desde sus letras contribuyen en el desarrollo personal, comunitario y cultural.

Las voces que se presentan en esta colección, les ofrecerán un alto nivel literario, pues han asumido a través de los años, el reto de posesionar la palabra como forma de existencia, aporte a su entorno y dinámica de vida.

La idea de esta colección nació en mayo del 2020 y después de un esfuerzo que desafía los tiempos de pandemia y el entorno difícil de nuestra sociedad, en marzo del 2021 pudimos lanzar el primer número de la colección pues confiamos que la creación literaria debe permanecer siempre inquebrantable, paseándose por las páginas de la historia y colmándola de motivos para resistir y persistir.

Como saben la Editorial y la colección Sembremos Arte, hacen parte de la Fundación Grainart, que ha compartido desde sus talleres literarios libros de diversos autores en gran parte del territorio nacional. Gracias a eso, continua abanderando su lema "Semilla para el arte", en colegios, bibliotecas, centros culturales; así como al público que asiste a los encuentros.
Ahora nos enorgullecemos de poder compartir y dejar en buenas manos, esta colección que es un consolidado aporte a la cultura y a la comunidad.

Agradecemos el apoyo de los artistas plásticos Carlos Humberto Murillo y Fabian Paz quienes nos permitieron usar sus obras para las portadas de la Colección Sembremos Arte.

Muchas gracias a todos los escritores por confiar en nuestra labor y permitirnos plasmar sus versos en esta colección. Hoy se lanza este libro **Poemas para el siglo XXI** de la escritora y poeta Gloria Nistal Rosique, quien ha contribuido y ha sido parte de los proyectos que se realizan desde la Fundación

Grainart, codirigiendo las Lecturas Urgentes de Poesía España. Su aporte a la cultura ha sido invaluable.

Muchas gracias a ustedes amigos lectores, a la familia Grainart y a la fe que nos sostiene, pues nos permite seguir aquí, para rendir con acciones el testimonio de nuestras convicciones, presentando esta colección que nace de la esperanza, el respeto y la admiración por la literatura.

Mónica Patricia Ossa Grain
Cali - Colombia

Índice

Poemas para el siglo XXI
©Gloria Nistal Rosique
©Colección Sembremos Arte

ISBN: 978-958-49-1737-9
Diseño y edición: Ediciones Grainart
Compilación y diagramación:
Mónica Patricia Ossa Grain

Diseño de Carátula:
Helen Vanessa González Ossa
Obra portada: Carlos Humberto Murillo

Ediciones Grainart
edicionesgrainart@gmail.com
edicionesgrainart@hotmail.com
Contacto: 3148685940

Impreso y hecho en Colombia.
Printed and made in Colombia

Santiago de Cali – Valle del Cauca
Julio de 20